FÜR MEINE

HERZENSMAMA

LIEBE MAMA,
ICH BIN SOOO FROH,
DASS ES DICH GIBT.

DESHALB MÖCHTE ICH
DIR HEUTE EINFACH MAL

DANKE

SAGEN!

DENN DU BIST
DIE WELTBESTE ...

Seelentrösterin

GEHEIMNISHÜTERIN

Sterneköchin

SHOPPINGBEGLEITUNG

Mutmacherin.

ICH BIN EIN
RICHTIGES

Glückskind,

WEIL ICH
DICH
ALS
MAMA♥
HABE.

DU BIST
MEINE ENGSTE

VERBÜNDETE

UND GRÖßTE

BESCHÜTZERIN.

WENN MIR
JEMAND ETWAS
BÖSES
WILL,
dann
wirst
du zur
Löwin!

DU BIST EINFACH IMMER
FÜR MICH DA UND HILFST MIR,
**ALLE STEINE
AUS DEM WEG**
ZU RÄUMEN UND ETWAS

Schönes

DARAUS ZU BAUEN.

AUCH WENN ES
AM ENDE MANCHMAL
ein bisschen
KRUMM
UND
SCHIEF
IST.

EGAL, OB
LIEBESKUMMER
ODER
SCHNUPFEN ...

DU HAST DEN

∾ BESTEN ∾

RAT

FÜR JEDE LEBENSSITUATION.

UND AUCH WENN

**ICH ES
NICHT
GERNE
ZUGEBE:**

Am Ende
HAST DU
(FAST) IMMER
RECHT.

KEIN GELD DER WELT
KÖNNTE MICH
SO GUT TRÖSTEN WIE

EINE FESTE

UMARMUNG

VON DIR.

➤ AUSSER VIELLEICHT
1 MILLION EURO, ABER DIE
WÜRDE ICH MIT DIR
TEILEN – VERSPROCHEN!

UND WENN ALLES
VERLOREN SCHEINT, PACKST
DU EINFACH DEINE

Wunderwaffe

AUS:

MEIN LIEBLINGSESSEN!

DAS KANN NIEMAND SO GUT KOCHEN WIE DU.

»Mama,
du bist
einfach die
Allerallerbeste!«

DU

DU KANNST VIELES ERSETZEN,
ABER NIEMAND AUF
DER GANZEN WELT KANN

DICH

ERSETZEN.

ICH BRAUCHE JEDENFALLS

~~KEINE~~

~~SUPERHELDEN,~~

DENN ICH HABE JA

dich!

OB AM ANDEREN
ENDE DER WELT

ODER IM ZIMMER
NEBENAN ...

GANZ EGAL,
WO ICH GERADE BIN,
DU BIST UND BLEIBST ...

MEIN ZUHAUSE.

AUCH WENN MAL DIE

FETZEN FLIEGEN

UND DIE

WÄNDE

WACKELN,

VERTRAGEN
WIR UNS
BLITZSCHNELL
WIEDER.

WIR SIND UNS SO

ÄHNLICH

UND GLEICHZEITIG
GANZ

UNTERSCHIEDLICH.

EINS STEHT
ABER FEST: MEINE

besten
Eigenschaften

HABE ICH NATÜRLICH
ALLE VON DIR!

DU HAST EINE

Engelsgeduld

UND EIN HERZ

so groß wie

das Meer.

DAS IST EIN

GROßES GLÜCK,

DENN ICH KANN
MANCHMAL

GANZ SCHÖN NERVIG

SEIN.

DU BIST TROTZDEM
MEIN ALLERGRÖSSTER
FAN!

NIEMAND
SONST FINDET MICH
NIEDLICH,
WENN ICH MORGENS AUSSEHE
WIE EIN ZERKNAUTSCHTER
PANDABÄR.

DU GIBST MIR
NICHT NUR
WURZELN
UND HALT,

DU MOTIVIERST MICH AUCH ZU HÖHENFLÜGEN.

WENN ICH MAL UNSANFT AUF DEM BODEN DER TATSACHEN LANDE,

hilfst du mir

WIEDER AUF DIE BEINE.

ZUMINDEST, SOBALD DU
AUFGEHÖRT HAST
ZU KICHERN.

DU HAST MIR EINE KINDHEIT VOLLER

geschenkt, die ich für

schöner Momente
immer hüten werde

WIE EINEN
SCHATZ.

UND ICH
FREUE MICH
SCHON AUF
UNZÄHLIGE WEITERE

 ABEN

TEUER

MIT
DIR!

Mama,
ich hab
dich lieb bis
zum Mond
und wieder
zurück.

DAS IST
GANZ SCHÖN WEIT,
DU SOLLTEST
DICH ALSO
GEEHRT FÜHLEN!

FÜHL DICH

GEKNUDDELT,

GEDRÜCKT

und geknutscht!

DU BIST UND BLEIBST

für immer

MEINE

ALLERLIEBSTE
Herzens-
mama.

Text: Kristin Funk
Layout & Satz: Marika Haustein, ki36
Gesamtherstellung: Drukarnia Dimograf Sp. z o.o., Bielsko Biała

Aus Verantwortung für die Umwelt hat sich die Verlagsgruppe Droemer Knaur
zu einer nachhaltigen Buchproduktion verpflichtet. Der bewusste Umgang mit unseren Ressourcen,
der Schutz unseres Klimas und der Natur gehören zu unseren obersten Unternehmenszielen.

Gemeinsam mit unseren Partnern und Lieferanten setzen wir uns für eine klimaneutrale Buchproduktion ein,
die den Erwerb von Klimazertifikaten zur Kompensation des CO_2-Ausstoßes einschließt.

Weitere Informationen finden Sie unter:
www.klimaneutralerverlag.de

Für meine Herzensmama
GTIN 978-3-8485-0101-4
© 2022 Groh Verlag. Ein Imprint der Verlagsgruppe
Droemer Knaur GmbH & Co. KG, München
www.geschenkverlage.de

MIX
Papier | Fördert
gute Waldnutzung
FSC® C018236